누리 과정에서 쏙쏙

자연탐구 생활 속에서 탐구하기 – 도구와 기계에 대해 관심을 가진다.
사회관계 더불어 생활하기 – 친구와 서로 도우며 사이좋게 지낸다.

초등 과정에서 쏙쏙

통합 가을1 1. 가을 날씨와 생활 – 서로 돕는 모습
과학 6-2 3. 에너지와 도구

감수 및 추천 이명근 박사(미국 존스홉킨스 대학교 교수 역임, 현재 연세대학교 보건대학원 교수)

세계 곳곳의 재난지에 뛰어들어 어린이들은 물론 도움이 필요한 사람들을 구조하며 봉사의 삶을 사는 분입니다. 알아야 더 잘할 수 있다는 믿음으로 연세대학교 보건대학원에 '국제 재난 대응 전문가 과정'을 개설하여 많은 재난 구조 전문가를 양성하고 있습니다. 국제 NGO인 '머시코'(Mercy Corp.)와 UNDP(유엔경제개발계획)에서 활동하기도 했습니다. 지금은 재난 구호의 필요성을 알리고, 아시아와 아프리카의 개발을 위해 '코이카'(KOICA, 한국국제협력단)와 국제 개발 기관인 '글로벌 투게더' 등과 함께 봉사에 앞장서고 있습니다.

글 김혜란

대학에서 문예창작학을 공부하고, 지금은 어린이를 위한 글을 쓰고 있습니다. 한국아동문학가협회 공모전 수상, 불교신문 신춘문예 동화 부문 수상, 한국시나리오작가협회 시나리오 공모전에서 수상했습니다. 쓴 책으로는 〈초콜릿이 달콤한가요?〉, 〈도형이 어디 숨었지?〉, 〈난 괜찮아!〉, 〈날아라 고래〉, 〈넌 네가 얼마나 행복한 아이인지 아니?2〉, 〈조금 달라도 괜찮아〉, 〈톤즈의 빛이 된 이태석〉 등이 있습니다.

그림 이주연

대학 졸업 후, 음반 기획사에서 휘성, 거미, 빅마마의 캐리커처 작업을 하였으며, 작사가로도 활동하였습니다. 현재는 일러스트레이터로 활발한 활동을 하고 있습니다. 그린 책으로는 〈아이와 함께 떠나는 철학 여행〉, 〈찔레는 다 알아〉, 〈행복한 놀이〉, 〈안데르센 동화집〉, 〈시끌벅적 일요일〉, 〈How Is The Weather?〉, 〈톰 소여의 모험〉, 〈1분 동화〉, 〈올리버 트위스트〉, 〈아인슈타인〉 등이 있습니다.

도구와 기계 | 도구의 원리
40. 빈둥빈둥 베짱이의 노래

글 김혜란 | **그림** 이주연
펴낸곳 스마일 북스 | **펴낸이** 이행순 | **제작 상무** 장종남
대표 조주연 | **주소** 서울특별시 종로구 사직로8길 20, 103호
출판등록 제2013 - 000070호 **홈페이지** www.smilebooks.co.kr
전화번호 1588 - 3201 **팩스** (02)747 - 3108
기획·편집 조주연 김민정 김인숙 | **디자인** 김수정 정수하
사진 제공 및 대여 셔터스톡 연합뉴스 프리픽

이 책의 모든 글과 그림 등의 저작권은 스마일 북스에 있습니다.
본사의 허락 없이 이 책에 실린 내용의 일부 또는 전체를 어떤 형태로든지
변조하거나 무단 복제하는 것은 법으로 금지되어 있습니다.

⚠ 책을 집어던지면 다칠 수 있으니 조심하십시오. 잘못 만들어진 책은 바꾸어 드립니다.

빈둥빈둥 베짱이의 노래

글 김혜란 | 그림 이주연

스마일
Smile Books

철퍼덕!

하늘에서 커다란 쇠똥 덩어리가 떨어졌어.

"어휴, 냄새! 냄새 때문에 살 수가 없어."

풀잎 마을 곤충들은 코를 싸쥐며 난리 법석을 피웠지.

풀잎에 앉아 있던 베짱이가 노래를 불렀어.
"랄랄라~, 쇠똥구리가 동글동글 똥 *경단을 만들고,
모두 힘을 모아 마을 밖으로 내다 버리면 되지~."
풀잎 마을 곤충들은 쇠똥구리를 쳐다보았어.
"알았어. 내가 해 볼게."
쇠똥구리는 한숨도 안 자고 똥 경단을 만들었어.

경단 찹쌀가루를 반죽하여 밤톨만 한 크기로 동글동글하게 빚어 만든 떡이에요. 여기서는 똥의 모양을 경단에 빗대었어요.

다음 날, 날이 밝았어.
놀이터로 나온 곤충들은 똥 경단을 보고 깜짝 놀랐어.
"우아, 이렇게나 많아? 이걸 어떻게 옮기지?"
풀잎에 누워 있던 베짱이가 노래했어.
"랄랄라~, 수레에 실어서 옮기면 되지~."

사마귀는 쓱싹쓱싹 나무를 잘라 냈어.
솜씨 좋은 방아깨비는 베짱이가 그려 준 그림대로
동그란 바퀴가 달린 커다란 수레를 만들었어.
개미들은 구리구리 똥 경단을 수레에 옮겨 담았지.

"영차! 영차!"
"바퀴가 잘 굴러가니까 힘이 덜 드네."
곤충들은 바퀴 달린 수레를 앞에서 끌고 뒤에서 밀었어.

얼마나 밀고 갔을까?

앞에서 끌던 곤충들이 딱 멈추더니 소리쳤어.

"으악! 저 높은 성벽을 어떻게 올라가지?"

높게 쌓아 놓은 성벽을 보고 모두들 한숨만 내쉬었어.

베짱이는 풀잎에 앉아 공책에 무언가 그렸어.

벽이 너무 높아. 어쩌지?

베짱이가 내놓은 그림을 보고 모두들 깜짝 놀랐어.
"우아, 베짱이가 게으르기만 한 줄 알았더니
책을 많이 읽어서 정말 똑똑하구나!"
그림처럼 긴 판자를 성벽으로 오르는 계단에 걸쳐 놓으면
바퀴 달린 수레를 쉽게 밀고 갈 수 있을 거 같았거든.

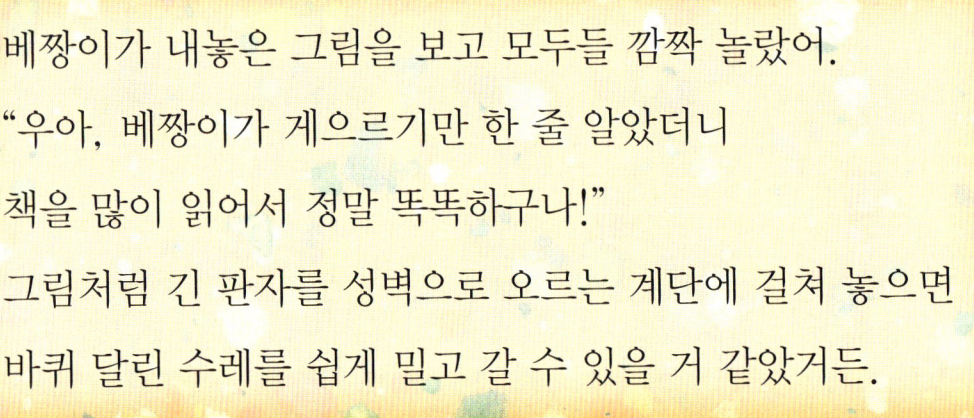

사마귀가 판자를 잘라 와 성벽 계단에 걸쳐 놓았어.
"영차영차, 영차영차!"
모두 힘을 모아 바퀴 달린 수레를 판자 위로 밀어 올렸단다.
아! 그런데 힘센 장수풍뎅이가 잠시 숨을 돌리는 사이
바퀴 달린 수레가 슬금슬금 굴러 내려오는 거야.

으악! 큰일 났다!

비스듬하게 놓인 면 위에 물건을 올려놓고 밀면, 힘을 덜 들이고 올리거나 내릴 수 있어요.

"어어어어? 으아~!"
곤충들은 어느새 뿔뿔이 흩어져 버리고,
수레는 데굴데굴 굴러가 웅덩이에 처박혔지.
곤충들이 아무리 힘을 모아도 수레는 꼼짝도 하지 않았어.

이제 어떻게 하지?

베짱이는 바퀴 밑에 긴 막대기를 끼워 넣고, 돌을 받쳤어.
"누가 이것 좀 힘껏 눌러 주세요."
장수풍뎅이가 막대기를 힘껏 누르자,
무거운 수레는 쉽게 웅덩이를 빠져나왔단다.

작용점
누르는 힘이 전달되는 곳이에요.

힘점
물체에 힘을 가하는 곳이에요.

받침점
막대기를 고정시키는 곳이에요.

골똘히 생각하던 베짱이가 말했어.
"이번에는 다른 방법을 써야겠어."
그러고는 바퀴 하나를 떼어 내고 사슴벌레에게
칡 줄기를 끊게 하더니, 주물럭주물럭 무언가 만드는 거야.
그런 다음 성벽으로 올라가 고리에 걸더니 긴 줄을 내려 주네.

장수풍뎅이는 베짱이의 말대로 수레의
네 귀퉁이를 긴 줄로 잡아맸어.
그런 다음, 모두 힘을 합쳐 늘어진 줄을 잡아당기자,
무거운 수레가 스릉스릉 위로 올라가는 거야.
"우아, 신기하다!"

밧줄의 반대쪽 끝을 잡아당겨요.

성벽 위에 오르자, 모두 힘을 모아 수레를 뒤집었어.
구리구리 똥 경단이 성벽 아래로 와르르 쏟아져 내렸지.
풀잎 마을을 공격해 오던 불개미 병사들이
구리구리 똥 경단 밑에 깔린 사실은 아무도 몰랐단다.

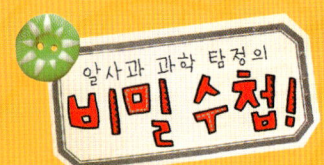

물건을 쉽게 옮겨요

물건을 옮기려면, 먼저 물건이 얼마나 큰지, 얼마나 무거운지, 물건의 양은 얼마나 되는지, 옮겨야 할 거리는 얼마나 되는지를 알아야 해요.
그러면 물건을 옮길 수 있는 방법을 쉽게 찾을 수 있어요.

바퀴

바퀴는 잘 굴러가요. 가방이나 나무 상자에 바퀴를 달면, 무거운 물건을 쉽게 나를 수 있어요.

바퀴 달린 수레는 짐이 무거워도 잘 굴러가요.

빗면

빗면은 비스듬하게 기울어진 면을 말해요. 높은 곳이나 계단이 있는 곳에 물건을 올리거나 내릴 때, 널빤지를 비스듬히 걸쳐 빗면을 만들어 옮겨요. 빗면을 이용하면 힘이 적게 들어요.

빗면을 이용하면 물건을 쉽게 나를 수 있어요.

지렛대

지렛대는 작은 힘으로 무거운 물체를 들어올리는 데 사용되는 도구예요. 힘을 가하는 손잡이 부분을 **힘점**, 중간에 긴 막대를 받치고 있는 곳을 **받침점**, 힘을 받는 부분을 **작용점**이라고 해요.

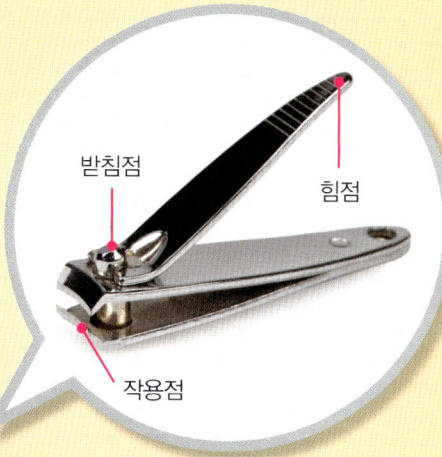

손톱깎이도 지렛대의 원리를 이용한 도구예요.

작용점 받침점 힘점

도르래

도르래는 바퀴에 홈을 파고 줄을 걸어서 돌리면 힘들이지 않고 물건을 오르내리게 할 수 있는 도구예요. 창문에 햇볕을 가리는 블라인드를 오르내리게 하거나, 국기를 게양대에 달아 올리거나 내릴 때에도 도르래가 쓰여요.

도르래로 사용하는 바퀴에 홈이 있어야 줄이 옆으로 빠지지 않고 잘 움직일 수 있어요.

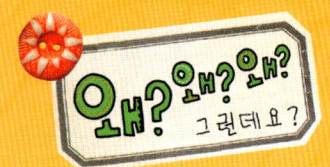 

도구의 원리에 대한 요런조런 호기심!

바퀴는 왜 둥글어요?

둥근 바퀴가 잘 굴러가기 때문이야. 세모, 네모 모양의 바퀴를 생각해 봐. 모서리가 있어서 굴릴 때 힘이 많이 들거나 아예 굴릴 수 없어. 그리고 세모, 네모 모양은 바닥에 닿는 부분이 넓기 때문이기도 해. 바퀴가 바닥에 닿는 면이 적어야 잘 굴러간단다.

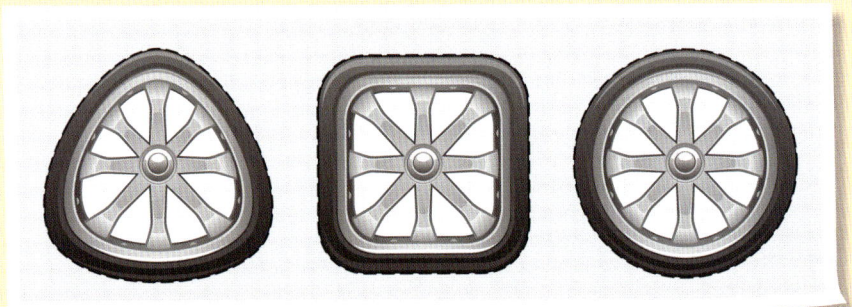

세모나 네모 모양보다 둥근 모양의 바퀴가 바닥에 닿는 면이 훨씬 적어서 잘 굴러요.

승강기가 어떻게 올라갔다 내려갔다 하나요?

높은 건물에 올라갈 때 계단을 이용하지 않고 쉽게 올라갈 수 있는 기계 장치가 있어. 바로 승강기야. 승강기는 굵은 쇠줄로 건물 꼭대기에 있는 도르래에 연결되어 있어. 도르래에 연결되어 있는 줄이 전기의 힘으로 올라갔다 내려갔다 하면서 승강기를 움직이게 해 준단다.

도르래

전기의 힘으로 도르래가 움직이면서 승강기가 오르내려요.

가위는 어떻게 종이를 자르는 거예요?

가위는 지렛대 원리를 이용한 도구야. 가위에 손가락을 끼우는 곳이 있지? 손가락을 끼워 힘을 가하는 곳이 바로 힘점이야. 가위의 두 개의 날을 묶어 주는 부분이 받침점, 가윗날 쪽이 작용점이 되는 거야. 이런 힘들이 모여 종이가 잘라지는 거란다.

받침점이 작용점에 가까울수록 힘이 적게 들어요.

나사못에는 왜 비스듬히 홈이 파여 있나요?

망치로 못을 박을 때는 큰 힘을 주어 두드려야 해. 그런데 나사못은 망치로 두드려 박는 것이 아니라, 드라이버라는 도구를 나사못의 머리 부분에 대고 빙글빙글 돌리며 박지. 망치로 두드릴 때보다 힘을 아주 적게 주어도 잘 박힌단다. 어떻게 그럴 수 있느냐고? 나사못에는 비스듬히 홈이 파여 있기 때문이야. 이 홈이 빗면의 역할을 해서 힘이 덜 드는 거란다.

못에 홈을 파서 빗면을 만들면, 못이 빙글빙글 돌면서 박히기 때문에 힘이 덜 들어요.

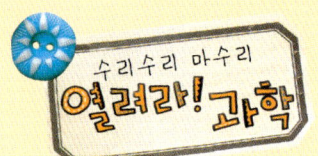

도구 속에 이런 원리가 숨어 있어요

우리 생활에 도움이 되는 도구는 여러 원리를 이용해서 사용하기 편하게 만들어졌어요.

유모차에 **바퀴**를 달았어요. 아기가 타거나 짐을 실어도 쉽게 움직일 수 있어요.

국기 게양대에는 **도르래**가 달려 있어요. 태극기를 손쉽게 높이 올렸다가 내릴 수 있어요.

빨래집게에는 **지렛대**의 원리가 숨어 있어요. 끝을 살짝 눌렀다가 놓으면, 빨래가 떨어지지 않도록 꽉 잡아 주어요.

시계 안에는 **톱니바퀴**의 원리가 숨어 있어요. 여러 개의 톱니바퀴가 맞물려 돌아가면서 초침, 분침, 시침을 움직이게 해 주어요.

나만의 지렛대 실험

지렛대의 원리를 알아보는 실험을 해 보아요.

준비물: 나무 자, 삼각기둥, 무거운 책

1. 삼각기둥을 받침대로 놓고, 자의 중간이 받침대 위에 오도록 자를 올려놓아요.

2. 책을 자의 한쪽 끝에 올려놓고, 다른 쪽 끝을 눌러 보세요. 큰 힘을 주어야 책이 많이 올라갑니다.

3. 이제 받침대를 책 쪽으로 가깝게 옮겨 보세요.

4. 그런 다음, 다시 한 번 자의 다른 쪽 끝을 눌러 보세요.

 **엄마, 아빠에게**

받침대 위에 올려놓은 자는 지렛대의 역할을 합니다. 지렛대는 받침대와 들어 올릴 물체가 가까울수록, 또 물체를 들어 올리기 위해 사용되는 힘의 위치가 멀수록 더 큰 힘을 냅니다. 따라서 ④의 경우는 큰 힘을 들이지 않아도 책을 쉽게 들어 올릴 수 있습니다.